Lena Fuchs

Kuscheltiere stricken

AUGUSTUS

Inhalt

Autorin und Verlag danken der Firma Schachenmayr, Salach, in der Coats GmbH für die freundliche Unterstützung. Besonderer Dank gilt Stefanie Frey, Tanja Jetter und Gisela Klöpper, ohne deren Ideen, Fachwissen und Engagement dieses Buch nicht zustande gekommen wäre.

Billy, Benni und Bodo, die Teddybären

*Diese lustigen Gesellen haben das Zeug
zum Lieblingstier. Stricken Sie am
besten zwei gleiche, um Ersatz zur
Hand zu haben, wenn der geliebte
Schmuseteddy gewaschen werden
muss oder abhanden
kommt.*

Lieblingstiere zum Schmusen

Größe: ca. 22, 28 und 34 cm
(Die Angaben für die drei Größen sind durch Schrägstriche getrennt. Steht nur eine Größe, so gilt sie für alle drei Größen.)

Maschenprobe
16 Maschen/33 Reihen = 10 x 10 cm

Strickmuster
Kraus rechts: In Hin- und Rückreihen rechte Maschen stricken.

Glatt rechts (Gesichter): In Hinreihen rechte, in Rückreihen linke Maschen stricken.
Schalmuster (Qualität Merino): Maschenzahl teilbar durch 3 + 2 Randmaschen.
1. und alle folgenden Reihen: 1 Randmasche, * 2 Maschen rechts, 1 Masche links, ab * stets wiederholen, 1 Randmasche. Die Kanten mit Knötchenrand arbeiten.

Anmerkung
Beine, Rumpf und Kopf werden in einem Stück gestrickt und in der hinteren Mitte zusammengenäht. Die Arme werden separat gestrickt und an den Körper genäht.

So wird's gemacht
Für die **Beine** je 16/20/24 Maschen anschlagen und 22/28/34 cm kraus rechts stricken. Das 2. Bein genauso stricken.

Dann über alle 32/40/48 Maschen den Rumpf stricken. Nach 28/34/40 Reihen Rumpf für den Kopf 6 x/6 x/7 x jede 4. und 5./jede 5. und 6./jede 5. und 6. Masche rechts zusammenstricken (= 26/34/41 Maschen).
Ab der 5./7./9. Reihe für das **Gesicht** einen Kreis glatt rechts stricken: Für den kleinsten Bären (22 cm Größe) in der 5. und 6. Reihe über die mittleren 4 Maschen, in der 7. – 12. Reihe über die mittleren 6 Maschen und in der 13. und 14. Reihe über die mittleren 4 Maschen glatt rechts stricken. Für den mittleren Bären (28 cm Größe) in der 7. und 8. Reihe über die mittleren 6 Maschen, in der 9. – 16. Reihe über die mittleren 8 Maschen und in der 17. und 18. Reihe über die mittleren 6 Maschen glatt rechts stricken. Für den großen Bären (34 cm Größe) in der 9. und 10. Reihe über die mittleren 7 Maschen, in der 11. und 12. Reihe über die mittleren 11 Maschen, in der 19. und 20. Reihe über die mittleren 9 Maschen und in der 21. und 22. Reihe über die mittleren 7 Maschen glatt rechts stricken. Anschließend bei allen drei Bärengrößen wieder über alle Maschen kraus rechts weiterstricken.
Nach 24/30/38 Reihen Kopf (= insgesamt 74/92/112 Reihen) alle Maschen abketten.
Für die **Arme** je 14/18/22 Maschen anschlagen und 16/22/26 Reihen kraus rechts stricken. Alle Maschen abketten.
Für den **Schal** 8/11/14 Maschen in *Merino* anschlagen und 40/45/50 cm im Schalmuster stricken. In die Schmalseiten des Schals 2-fädig gebündelt Fransen in beliebiger Länge einknüpfen.

Fertigstellung: Das Gesicht aufsticken (siehe Fotos): Augen und Nase im Plattstich, den Mund im Stielstich. Die Beinnähte und die Rumpfnaht in der hinteren Mitte schließen. Die Arme seitlich an den Rumpf nähen, die äußere Schmalseite jedoch zum Ausstopfen offen lassen. Den Teddy mit Füllwatte ausstopfen, dabei für das Gesicht eine kleine zusätzliche Wölbung einarbeiten. Die obere Kopfnaht schließen und zu beiden Seiten die Ohren schräg abnähen.

Leo Löwe, der Rucksack

Größe: ca. 25 cm breit und 28 cm hoch

In diesem Rucksack mit dem freundlichen Löwengesicht hat alles Platz, was man für einen langen Kindergartentag braucht.

Das wird gebraucht

Schachenmayr Catania (LL 125 m/50 g) in
folgenden Mengen und Farben: 250 g
camel (Fb 179), 100 g haselnuss (Fb 188),
50 g marone (157)
Nadelspiel Nr. 4
Häkelnadel Nr. 2,5
Sticknadel Nr. 18 mit Spitze
Sticknadel Nr. 18 ohne Spitze
ca. 100 g Füllwatte
2 braune Tieraugen, Ø ca. 1,5 cm

Maschenprobe

Mit doppeltem Faden und Nadeln Nr. 4:
21 Maschen/36 Runden kraus = 10 x
10 cm; 20 Maschen/30 Runden glatt
rechts = 10 x 10 cm

Strickmuster

Kraus: In Runden 1 Runde links, 1 Runde
rechts im Wechsel stricken.
Glatt rechts: In Runden jede Runde
rechts stricken.

So wird's gemacht

Rucksack: 108 Maschen mit Nadeln Nr. 4
mit doppeltem Faden in Camel auf 4 Nadeln verteilt anschlagen (= 27 Maschen
je Nadel) und in Runden kraus stricken.
Rundenbeginn ist in der hinteren Mitte.
In 27 cm Höhe (in 98. Runde = Rechts-
Runde) für den Kordeldurchzug eine
Lochreihe stricken: 1 Masche rechts, *
2 Maschen rechts zusammenstricken,
1 Umschlag, 2 Maschen rechts überzogen zusammenstricken, 2 Maschen
rechts, ab * stets wiederholen, enden
mit 2 Maschen rechts zusammenstricken, 1 Umschlag, 2 Maschen rechts
überzogen zusammenstricken, 1 Masche rechts. In der folgenden Runde
(= Links-Runde) aus dem Umschlag
1 Masche links und 1 Masche links verschränkt stricken. Noch 1 Runde rechts
und 1 Runde links stricken, dann alle
Maschen abketten.

Kopf: Mit dem Nadelspiel Nr. 4 in Camel
mit doppeltem Faden 24 Maschen (= 6
Maschen je Nadel) anschlagen und in
Runden nach dem Strickschema (Seite 8)
stricken. Rundenbeginn ist an der Seite:
Mit der 3. und 4. Nadel wie mit der
1. und 2. Nadel stricken. Nach 40 Runden
(= 13 cm) alle Maschen stilllegen. Die
Maschen der 1. und 2. Nadel auf eine
Nadel nehmen, dann die Maschen der
3. und 4. Nadel auf eine Nadel nehmen.
Beide Nadeln hintereinander legen und
die Maschen mit Maschenstichen verbinden. Mit Marone und doppeltem
Faden die Nase mit Maschenstichen,
den Mund mit Stiel- und Plattstichen
aufsticken. Den Kopf mit Füllwatte
flach ausstopfen, dann die untere Naht

schließen. Die Augen aufnähen, dabei durch den Kopf stechen und den Kopf etwas zusammenziehen.

Ohren: Mit dem Nadelspiel Nr. 4 in Camel mit doppeltem Faden 16 Maschen (= 4 Maschen je Nadel) anschlagen und in Runden nach dem Strickschema (Seite 8) stricken. Nach 14 Runden die restlichen 6 Maschen mit doppeltem Faden zusammenziehen, den Faden nach innen ziehen und vernähen. Jedes Ohr mit etwas Füllwatte flach ausstopfen und die untere Naht schließen. Das zweite Ohr ebenso arbeiten. Die Ohren an die oberen Schrägungen des Kopfes nähen.

Mähne: In Marone, Haselnuss und Camel ca. 10 bis 15 cm lange Fäden schneiden und rund um den Kopf eine dichte Mähne einknüpfen.

Pfoten: Mit dem Nadelspiel Nr. 4 in Haselnuss mit doppeltem Faden 24 Maschen (= 6 Maschen je Nadel) anschlagen und in Runden nach dem Strickschema stricken. Rundenbeginn ist an der Seite: Mit der 3. und 4. Nadel wie mit der 1. und 2. Nadel stricken. Nach 15 Runden alle Maschen stilllegen. Die Maschen der 1. und 2. Nadel auf eine Nadel nehmen, dann die Maschen der 3. und 4. Nadel auf eine Nadel nehmen. Beide Nadeln hintereinander legen und die Maschen mit Maschenstichen verbinden. Alle vier Pfoten gleich arbeiten. Die Pfoten mit etwas Füllwatte flach ausstopfen, dann die untere Naht schließen. Mit Marone und doppeltem

Faden mit überwendlichen Spannstichen die »Krallen« nach dem Strickschema sticken und dabei die Pfoten fest zusammenzuziehen. Zwei Pfoten an den unteren Rucksackrand, ca. 3 cm über die Anschlagrunde, und zwei Pfoten ca. 13 cm unter den Abkettrand nähen.

Träger (ca. 3 cm breit und 42 cm lang): Mit doppeltem Faden in Haselnuss 14 Maschen mit dem Nadelspiel Nr. 4 anschlagen (= 2 x 3 und 2 x 4 Maschen je Nadel) und glatt rechts in Runden stricken. Nach ca. 42 cm alle Maschen abketten. Beide Träger gleich arbeiten.

Die oberen Trägerenden neben der hinteren Mitte an den Abkettrand nähen. Die unteren Ränder jeweils neben der seitlichen Mitte an den unteren Rand nähen, dabei jedes Trägerende etwa 1 cm weit in den Rucksack stecken.

Für den **Schwanz** eine ca. 12 cm lange Quaste herstellen. Danach 6 ca. 30 cm lange Fäden in Camel durch die Abbindung am oberen Ende der Quaste ziehen und zu einem ca. 7 cm langen Zopf flechten. Das Zopfende in der hinteren Rucksackmitte ca. 2 cm über der Anschlagrunde auf die Innenseite des Rucksacks ziehen und dort vernähen. Die untere Rucksacknaht schließen. Eine ca. 85 cm lange Kordel aus 4 Fäden in Haselnuss herstellen und durch die Lochreihe ziehen.

Strickschrift

Zeichenerklärung

🟨 = 1 rechte Masche in Camel

➖ = 1 linke Masche in Camel als Markierung für die Augen

🟧 = 1 rechte Masche bzw. 1 Maschenstich in Haselnuss

🡵 🡵 = 2 Maschen rechts zusammenstricken

🢆 🢆 = 1 Masche abheben, die folgende Masche rechts stricken und die abgehobene Masche darüber ziehen

▮ = keine Masche, wird beim Stricken übergangen

⋁ ⋁ = 1 Masche rechts verschränkt aus dem Querfaden stricken

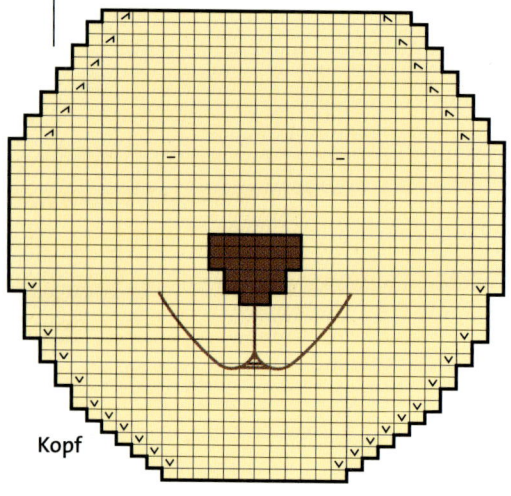

Kopf

Ohr

Pfote

Ferdinand Frosch

Größe: ca. 36 cm lang und 12 cm breit

*Quak, quak! Bitte nicht küssen –
sonst wird aus dem lustigen Frosch
am Ende ein sauertöpfischer Prinz ...*

Das wird gebraucht

Schachenmayr Bambino (LL 110 m/25 g)
in folgenden Mengen und Farben:
75 g apfel (Fb 75), je 25 g feuer (Fb 30)
und weiß (Fb 01), Rest orange (Fb 28)
Nadelspiel Nr. 2 – 3
Füllwatte
2 schwarze Knöpfe, Ø 13 mm
  (*Dill*, Art.-Nr. 180197/13)
1 kleine Stoff-Fliege
Sticknadel Nr. 18 ohne Spitze

Maschenprobe
30 Maschen/42 Reihen glatt rechts =
10 x 10 cm

Strickmuster
Glatt rechts: In Reihen Hinreihen rechts,
Rückreihen links stricken. In Runden nur
rechte Maschen stricken.

So wird's gemacht
Körper: Am Kopf beginnen. Mit dem Nadelspiel 8 Maschen in Apfel anschlagen,
die Maschen auf 4 Nadeln verteilen
(= 2 Maschen pro Nadel) und in Runden
glatt rechts stricken. 1 Runde stricken,
dann mit den Zunahmen beginnen.

Dafür pro Runde jeweils gleichmäßig
verteilt Maschen zunehmen (rechts
verschränkt aus dem Querfaden zunehmen): In jeder Runde 3 x 4 Maschen,
dann in jeder 2. Runde 15 x 4 Maschen,
in der folgenden 3. Runde 1 x 4 Maschen,
in der folgenden 4. Runde 1 x 4 Maschen
(= 88 Maschen nach 41 Runden). 5 Runden gerade hoch stricken, dann die Abnahmen beginnen; dafür pro Runde

jeweils gleichmäßig verteilt 2 Maschen rechts zusammenstricken: In jeder 2. Runde 17 x 4 Maschen, dann in jeder Runde 3 x 4 Maschen abnehmen. Die letzten 8 Maschen mit doppeltem Faden fest zusammenziehen.

Arme: Mit dem Nadelspiel 24 Maschen in Apfel anschlagen, die Maschen auf 4 Nadeln verteilen (= 6 Maschen pro Nadel) und in Runden glatt rechts stricken. Rundenwechsel ist an einer Seitenkante. Für die »Hände« in der 26. Runde verteilt 4 Maschen und in der folgenden 2. Runde nochmals 4 Maschen zunehmen (= 32 Maschen). Weitere 8 Runden stricken, dann über die 1. und 2. Nadel und über die 3. und 4. Nadel getrennt weiterarbeiten (= je 16 Maschen). Bei beiden Teilen beidseitig in jeder Reihe 4 x 1 Masche abnehmen, dann die restlichen 8 Maschen abketten. Den 2. Arm ebenso stricken.

Beine: Mit dem Nadelspiel 28 Maschen in Apfel anschlagen, die Maschen auf 4 Nadeln verteilen (= 7 Maschen pro Nadel) und in Runden glatt rechts stricken. Rundenwechsel ist an einer Seitenkante. Nach 30 Runden verteilt 4 Maschen zunehmen (= 32 Maschen). Weitere 15 Runden stricken. Dann für die »Füße« in jeder 2. Runde 3 x je 4 Maschen zunehmen (= 44 Maschen). Noch 10 Runden stricken, dann über die 1. und 2. Nadel und über die 3. und 4. Nadel getrennt weiterarbeiten (= je 22 Maschen). Bei beiden Teilen beidseitig in jeder Reihe 2 x 4 Maschen, dann die restlichen 6 Maschen abketten. Das 2. Bein ebenso stricken.

Augen: Mit 2 Nadeln des Nadelspiels 10 Maschen in Weiß anschlagen und in Reihen glatt rechts stricken. Beidseitig in jeder 2. Reihe 2 x 1 Masche zunehmen (= 14 Maschen). Noch 10 Reihen stricken, dann in jeder 2. Reihe 2 x 1 Masche abketten und in der folgenden Reihe die verbleibenden 10 Maschen abketten. Das zweite Auge ebenso stricken.

Hose: Mit dem Nadelspiel 72 Maschen in Rot anschlagen, die Maschen auf 4 Nadeln verteilen (= 18 Maschen pro Nadel) und in Runden glatt rechts stricken. Rundenwechsel ist in der hinteren Mitte. 4 Runden in Rot, dann im Wechsel je 2 Runden in Weiß und Rot stricken. Nach 32 Runden für ein Hosenbein die Maschen der 1. und 2. Nadel abstricken,

die Maschen der 3. und 4. Nadel für das 2. Hosenbein stilllegen. Dann für den Steg zwischen den Hosenbeinen 8 Maschen neu anschlagen (= 44 Maschen) und in Runden noch 14 Runden mit Streifen und 4 Runden in Rot stricken, dann die Maschen abketten. Für das zweite Bein aus dem Steg 8 Maschen aufnehmen und über die 44 Maschen in Runden das zweite Bein ebenso beenden.

Fertigstellung: Zunächst den Körper mit Füllwatte ausstopfen. Einen Faden durch die Anschlagmaschen ziehen, fest zusammenziehen und vernähen. Die Augen auf den Körper nähen und dabei gleichzeitig ausstopfen. Die schwarzen Knöpfe auf die Augen nähen. Für den Mund in Orange eine Linie mit Kettstichen sticken. Die Fliege annähen. Die »Hände« leicht stopfen und abnähen: Mit zwei senkrechten Nähten die »Finger« formen, darunter eine waagerechte Naht arbeiten. Die Arme ausstopfen und an den Körper nähen. Die »Füße« leicht stopfen und wie bei den Händen beschrieben abnähen. Die Beine stopfen. Eine zweite waagerechte Naht etwa 3,5 cm von der Fußnaht entfernt arbeiten. Die Beine an den Körper nähen.

● Tipp ●

Wenn Kleinkinder mit dem Frosch spielen sollen, sticken Sie die Augen lieber mit schwarzem Garn auf. Die Kinder könnten sonst die Knöpfe abreißen und verschlucken.

Ente Emma und ihre Küken

Ein Bade-Ausflug mit der Mutter macht den Entenküken immer Spaß.

Weiße Ente

Größe: Länge ca. 20 cm, Bauchumfang ca. 25 cm

Das wird gebraucht

ca. 20 g *Schachenmayr Regia 8-fädig*
  (LL 100 m/50 g), natur (Fb 1992)
Rest *Regia 4-fädig* (LL 210 m/50 g),
  gelb (Fb 2041)
Stricknadeln Nr. 4
50 – 60 g Füllwatte
Rest schwarzes Garn
Matratzennadel, Nähnadel
Sticknadel Nr. 18 ohne Spitze
Coats Astra Leinenzwirn, schwarz

Maschenprobe
20 Maschen/28 Reihen glatt rechts =
10 x 10 cm
18 Maschen/36 Reihen kraus =
10 x 10 cm

Strickmuster
Kraus: In Reihen jede Reihe rechts stricken. In Runden 1 Runde links, 1 Runde rechts im Wechsel stricken.
Glatt rechts: In Reihen Hinreihen rechts, Rückreihen links stricken.

Körper mit Markierungslinien

Skizze zum Zusammennähen

Schema zum Fertigstellen

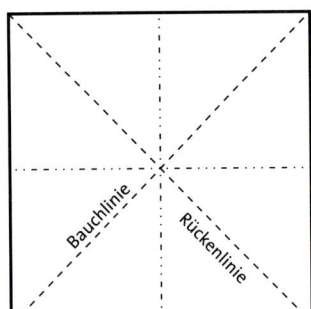
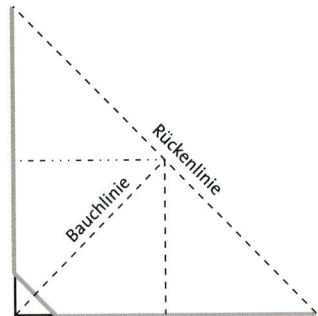
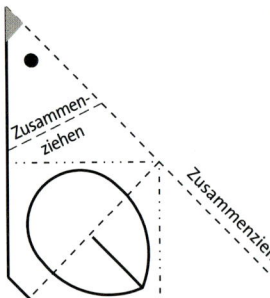

So wird's gemacht

Der **Körper** besteht aus einem Quadrat mit einer Seitenlänge von etwa 18 cm. Dafür 32 Maschen in Natur anschlagen und 18 cm (ca. 64 Reihen) stricken. Alle Maschen abketten.

Schnabel: Mit doppeltem Faden in Gelb stricken. 3 Maschen anschlagen und 1 Rückreihe links stricken. Glatt rechts weiterstricken, dabei in jeder Hinreihe am Reihenbeginn nach der Randmasche und am Reihenende vor der Randmasche je 1 Masche rechts verdreht aus dem Querfaden stricken, bis der Schnabel nach der 6. Reihe 9 Maschen breit ist. In der folgenden Rückreihe die Maschen abketten.

Flügel: 19 Maschen in Natur anschlagen und 1 Rückreihe links stricken. Glatt rechts weiterstricken, dabei die Hinreihen wie folgt arbeiten: Randmasche, 1 Masche rechts verdreht aus dem Querfaden stricken, 7 Maschen rechts; die folgenden 2 Maschen zusammen rechts abheben, die folgende Masche rechts

stricken und die abgehobenen Maschen so überziehen, dass die mittlere Masche obenauf liegt; 7 Maschen rechts, 1 Masche rechts verdreht aus dem Querfaden stricken, Randmasche. Nach 11 Reihen die folgende Hinreihe wie folgt arbeiten: Randmasche, 1 Masche rechts verschränkt aus dem Querfaden stricken und 7 Maschen rechts stricken, die restlichen Maschen bleiben ungestrickt. Nun beide Nadeln hintereinander legen und die Maschen der vorderen Nadel mit den Maschen der hinteren Nadel mit Maschenstichen zusammennähen. Den zweiten Flügel ebenso arbeiten.

Fertigstellung: Mit kontrastfarbigem Garn die Markierungslinien anbringen (siehe Grafik oben). Den Schnabel mit der rechten Seite nach oben auf eine Ecke heften. Danach den Körper in der Rückenlinie zusammenlegen (der Schnabel liegt innen) und zusammennähen, wie die hellgraue Linie zeigt.

Dabei zum Ausstopfen das Schwanzende ab der gestrichelten Linie offen
lassen. Den Körper wenden und ausstopfen, dann die Öffnung schließen
und dabei noch Füllwatte nachstopfen,
falls notwendig. Die Ente muss ziemlich
fest ausgestopft werden.
Die Flügel spannen und annähen, dabei
eine Öffnung zum Ausstopfen lassen.
Die Flügel prall ausstopfen, die Öffnung
schließen und dabei gegebenenfalls
noch etwas Füllwatte nachstopfen.
Vom Schwanz ausgehend entlang der
Rückenlinie Vorstiche mit doppeltem
Faden in Natur bis zur Rückenmitte
sticken, dann den Schwanz zusammenziehen und den Faden vernähen.
Von den Markierungslinien unter dem
Kopf ausgehend mit doppeltem Faden
Vorstiche zum Abteilen des Kopfes
rundum sticken, die Fäden zusammen-
ziehen, verknoten und vernähen.
Mit Knötchenstichen in Schwarz zwei
Augen sticken. Die Markierungslinien
entfernen.

Gelbe Entenküken

Größe: Länge ca. 13 cm, Bauchumfang
ca. 20 cm

Das wird gebraucht

ca. 20 g *Schachenmayr Regia* 4-fädig
  (LL 210 m/50 g), gelb (Fb 2041)
Rest *Regia* 4-fädig, natur (Fb 1992)
Stricknadeln Nr. 2
30 – 50 g Füllwatte
Rest schwarzes Garn
Matratzennadel
Sticknadel Nr. 18 ohne Spitze
Nähnadel
Coats Astra Leinenzwirn, schwarz

Maschenprobe

30 Maschen/42 Reihen glatt rechts =
10 x 10 cm

Strickmuster

Siehe weiße Ente.

So wird's gemacht

Die Küken wie die weiße Entenmutter
arbeiten. Körper und Flügel in Gelb, den
Schnabel in Natur stricken.

Seehund Robby

Größe: Länge ca. 25 cm, Bauchumfang
ca. 24 cm

*Mit viel Geschick jongliert Robby einen
Ball auf seiner Nase. Wer macht es ihm
nach?*

Das wird gebraucht

Für den Seehund

50 g *Schachenmayr Catania* (LL 125 m/50 g),
   anthrazit (Fb 217)
Stricknadeln Nr. 4
2 Nadelspiele Nr. 4
ca. 100 g Füllwatte
2 Chenilledrähte (»Pfeifenputzer«),
   schwarz, 50 cm lang
Rest schwarzes Garn
Matratzennadel
Sticknadel Nr. 18 ohne Spitze
Nähnadel
Coats Astra Leinenzwirn, schwarz

Für den Ball

Rest *Schachenmayr Catania* (LL 125 m/50 g),
   aqua (Fb 207)
Stricknadeln Nr. 2,5
Füllwatte
Klettverschluss, schwarz, ca. 1 cm

Maschenprobe

21 Maschen/37 Reihen mit doppeltem
Faden kraus = 10 x 10 cm

Strickmuster

Kraus: In Reihen jede Reihe rechts
stricken. In Runden 1 Runde links,
1 Runde rechts im Wechsel stricken.

So wird's gemacht

Seehund

Der **Körper** besteht aus einem Quadrat mit einer Seitenlänge von ca. 15 cm. Dafür 32 Maschen mit doppeltem Faden und Nadeln Nr. 4 anschlagen und 15 cm (ca. 52 Reihen) kraus stricken. Alle Maschen abketten.

Vorderflossen: Mit dem Nadelspiel 8 Maschen mit doppeltem Faden anschlagen, auf 4 Nadeln verteilen (= 2 Maschen pro Nadel) und kraus stricken, dabei 4 x in jeder 2. Runde (= Rechts-Runde) nach der 1. Masche und vor der letzten Masche je 1 Masche rechts verschränkt aus dem Querfaden stricken (= 16 Maschen). Nach insgesamt 24 Runden alle Maschen abketten. Beide Flossen gleich arbeiten.

Schwanzflosse: Zunächst in 2 Hälften stricken: Mit dem Nadelspiel 8 Maschen mit doppeltem Faden anschlagen, auf 4 Nadeln verteilen (= 2 Maschen pro Nadel) und kraus stricken, dabei 2 x in

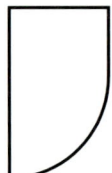
Vorderflosse

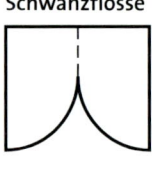
Schwanzflosse

jeder 2. Runde nach der 1. Masche und vor der letzten Masche je 1 Masche rechts verschränkt aus dem Querfaden stricken (= 12 Maschen). Nach 15 Runden ab Anschlag die Maschen der 1. und 2. Nadel, dann die Maschen der 3. und 4. Nadel jeweils auf 1 Nadel nehmen und die Arbeit ruhen lassen. Die zweite Hälfte ebenso stricken.

Die Hälften so zusammenfügen, dass die abgerundeten Seiten beider Hälften nach innen zeigen. Über alle 24 Maschen noch 5 Runden kraus stricken und die Maschen abketten. Es sind insgesamt 20 Runden gestrickt.

Fertigstellung: Mit kontrastfarbigem Garn die Markierungslinien anbringen. Den Körper in der Rückenlinie zusam-

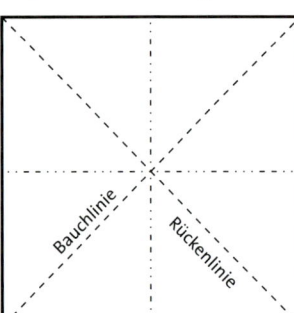
Körper mit Markierungslinien

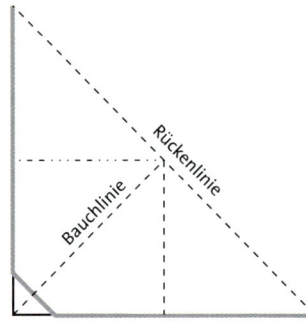
Skizze zum Zusammennähen

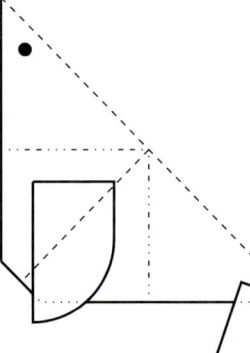
Schema zum Annähen der Flossen

menlegen und zusammennähen, wie die hellgraue Linie zeigt (siehe Grafik auf Seite 18). Dabei zum Ausstopfen das Schwanzende ab der gestrichelten Linie offen lassen. Den Körper wenden und ausstopfen. Dann die Öffnung schließen und dabei gegebenenfalls noch etwas Füllwatte nachstopfen. Zur Versteifung der Schwanzflossen 2 ca. 12 cm lange Stücke Chenilledraht (»Pfeifenputzer«) rund in Form der Flossen biegen und in jede Hälfte stecken. Zur Sicherheit die oberen Enden des Pfeifenputzers umbiegen und mit etwas Garn fest umwickeln. Die Schwanzflosse mit etwas Füllwatte flach ausstopfen, über das Schwanzende des Körpers stülpen, dabei die Seiten etwas höher ziehen. Die Schwanzflossen annähen.

In jede Vorderflosse ein ca. 17 cm langes, gebogenes Stück Chenilledraht stecken und die oberen Enden jeweils wie bei der Schwanzflosse beschrieben sichern. Jede Flosse flach ausstopfen und die Abkettränder zusammennähen. Die unteren Flossen ca. 2 cm breit nach außen biegen. Jede Flosse parallel zur strichpunktierten Linie unter dem Kopf so annähen, dass der Seehund auf seinen Flossen steht.

Mit Knötchenstichen in Schwarz zwei Augen sticken. Die Markierungsfäden entfernen.

Ball
12 Maschen mit Nadeln Nr. 2,5 und einfachem Faden in Aqua anschlagen und 28 Reihen kraus stricken. Die Maschen der letzten Reihe nicht abketten, sondern auf den Anschlagrand steppen. Die Seitenränder des Balles mit Vorstichen umstechen und einen Seitenrand fest zusammenziehen. Den Ball prall ausstopfen. Den anderen Rand fest zusammenziehen, dabei nach Bedarf noch etwas Füllwatte nachstopfen und den Ball formen.

Das Stückchen Klettverschluss oval zuschneiden. Den weichen Teil auf die Schnauze des Seehundes, den Häkchenteil auf den Ball nähen.

Den Ball auf die Schnauze setzen.

Polly Pinguin

Größe: Höhe ca. 31 cm, Bauchumfang
ca. 42 cm

*Polly Pinguin kommt aus der Kälte und
freut sich auf einen leckeren Fisch.*

Das wird gebraucht

Schachenmayr Speed (LL 100 m/100 g)
  in folgenden Mengen und Farben:
  100 g kiesel meliert (Fb 97), 50 g natur
  (Fb 02)
50 g *Schachenmayr Extra* (LL 125 m/50 g),
  caramel (Fb 3638)
Stricknadeln Nr. 6
je 1 Nadelspiel Nr. 6 und Nr. 4
Matratzennadel
Sticknadel Nr. 18 ohne Spitze
Nähnadel
Coats Astra Leinenzwirn, schwarz
250 – 270 g Füllwatte
2 Tieraugen, braun, Ø 1,5 cm

Maschenprobe

14 Maschen/20 Reihen oder Runden
glatt rechts mit Nadeln Nr. 6 und *Speed*
= 10 x 10 cm

Strickmuster

Glatt rechts: In Reihen Hinreihen rechts,
Rückreihen links stricken. In Runden
jede Runde rechts stricken.
Intarsientechnik: Für jedes Farbfeld
einen eigenen Knäuel verwenden und
die Fäden bei jedem Farbwechsel auf
der Rückseite der Arbeit verkreuzen,
damit keine Löcher entstehen.

So wird's gemacht

Am **Schwanz** beginnen. Mit dem Nadelspiel Nr. 6 und Kiesel meliert 8 Maschen
anschlagen, auf 4 Nadeln verteilen (= 2
Maschen pro Nadel) und glatt rechts
stricken. Dabei in der 2. Runde und 3 x
in jeder 3. Runde bei der 1. und 4. Nadel
nach der 1. Masche und bei der 2. und
4. Nadel vor der letzten Masche je
1 Masche zunehmen (= 6 Maschen pro
Nadel; insgesamt 24 Maschen nach der
11. Runde).
Nach insgesamt 14 Runden (= 7 cm) den
Körper in Reihen wie folgt in Intarsientechnik weiterstricken: Über die Maschen der 1. und 2. Nadel den **Rücken**
in Kiesel meliert stricken, dabei in der
1. Reihe verteilt 2 Maschen zunehmen
(= 14 Maschen) und über die Maschen
der 3. und 4. Nadel den **Bauch** in Natur
stricken, dabei in der 1. Reihe verteilt
4 Maschen zunehmen (= 16 Maschen).
Insgesamt sind 30 Maschen auf den Nadeln. In der 2. Reihe beim Bauch und
beim Rücken nach der jeweils 1. Masche
und vor der jeweils letzten Masche
1 Masche rechts verschränkt aus dem
Querfaden zunehmen (= 4 zugenom-
mene Maschen). Noch 1 x in der 4. Reihe
insgesamt 4 Maschen ebenso zunehmen (= 18 Maschen für den Rücken und
20 Maschen für den Bauch). Gerade
weiterstricken und nach 36 Reihen
(= 18 cm ab Beginn des Körpers) beim
Rücken und beim Bauch die jeweils
2. Masche mit der folgenden Masche
rechts überzogen zusammenstricken
(1 Masche abheben, die folgende Masche rechts stricken und die abgehobene
Masche darüber ziehen) und die jeweils

zweit- und drittletzte Masche rechts zusammenstricken (= 4 abgenommene Maschen). Noch 1 x in der folgenden 4. Reihe und 1 x in der folgenden 2. Reihe jeweils 4 Maschen ebenso abnehmen (= 12 Maschen für den Rücken und 14 Maschen für den Bauch). Nach 44 Reihen (= 20 cm Körperhöhe) den **Kopf** in Runden in Kiesel meliert stricken, dabei über dem Bauch verteilt 2 x 2 Maschen rechts zusammenstricken (= 24 Maschen) und die Maschen gleichmäßig auf 4 Nadeln verteilen (= 6 Maschen pro

Nadel). Rundenbeginn ist an einer Seite. Nach 10 Runden (= 5 cm Kopfhöhe) für die Schnabelöffnung die mittleren 4 Maschen über dem Bauch (= die beiden letzten Maschen auf der 3. Nadel und die beiden ersten Maschen auf der 4. Nadel) abketten (= 20 Maschen) und in Reihen weiterstricken.

Nach 2 weiteren Reihen die Maschen in 3 Teile teilen: Die äußeren Teile erhalten jeweils 6 Maschen, das Mittelteil 8 Maschen. In der folgenden Reihe die Maschen des Außenteils und 7 Maschen des Mittelteils stricken, * die letzte Masche des Mittelteils mit der folgenden Masche des Außenteils rechts überzogen zusammenstricken und die Arbeit wenden. Die 1. Masche des Mittelteils links abheben. Der Faden liegt dabei vor der Arbeit. 6 Maschen links stricken und die letzte Masche des Mittelteils mit der folgenden Masche des Außenteils links zusammenstricken. Die Arbeit wenden. Die 1. Masche links abheben. Der Faden liegt hinter der Arbeit. 6 Maschen rechts stricken. Diese Abnahmen ab * wiederholen, bis alle Maschen der Außenteile aufgebraucht sind und nur die 8 Maschen des Mittelteils übrig sind. In der folgenden Reihe alle Maschen abketten, dabei 4 x 2 Maschen rechts zusammenstricken.

Flügel: Mit dem Nadelspiel Nr. 6 in Kiesel meliert 8 Maschen anschlagen, auf 4 Nadeln verteilen (= 2 Maschen pro Nadel) und glatt rechts stricken. Dabei in der 2. Runde, dann 2 x in jeder Runde und 3 x in jeder 2. Runde bei der 1. Nadel nach der 1. Masche und bei der 4. Nadel vor der letzten Masche je 1 Masche rechts verschränkt aus dem Querfaden stricken (= 20 Maschen nach der 10. Runde). Gerade weiterstricken und nach 28 Runden (= 14 cm) ab Anschlag bei der 1. Nadel die 2. und 3. Masche rechts überzogen zusammenstricken und bei der 4. Nadel die zweit- und drittletzte Masche rechts zusammenstricken. Noch 1 x in der folgenden 2. Runde und 1 x in der folgenden Runde je 2 Maschen ebenso abnehmen (= 12 Maschen). Noch 1 Runde stricken. Danach die Maschen der 1. und 2. Nadel zusammen auf 1 Nadel und die Maschen der 3. und 4. Nadel zusammen auf 1 Nadel nehmen und immer 1 Masche der vorderen Nadel mit 1 Masche der hinteren Nadel rechts zusammenstricken. Die restlichen 6 Maschen nicht abketten, sondern stilllegen. Den zweiten Flügel gegengleich stricken, also die Zunahmen und später die Abnahmen am Ende der 2. Nadel und am Beginn der 3. Nadel arbeiten.

Schnabel: An der Spitze beginnen. Mit dem Nadelspiel Nr. 4 und doppeltem Faden in Caramel 8 Maschen anschlagen, auf 4 Nadeln verteilen (= 2 Maschen pro Nadel) und glatt rechts stricken. Dabei 2 x in jeder 4. Runde und 1 x in jeder 6. Runde bei der 1. und 3. Nadel nach der 1. Masche und bei der 2. und 4. Nadel vor der letzten Masche je 1 Masche zunehmen (= 20 Maschen). Nach 20 Runden (= ca. 6,5 cm Höhe) alle Maschen stilllegen.

Füße: Mit dem Nadelspiel Nr. 4 und doppeltem Faden in Caramel 12 Maschen anschlagen, auf 4 Nadeln verteilen (= 3 Maschen pro Nadel) und glatt rechts stricken. Dabei 6 x in jeder 4. Runde bei der 1. und 3. Nadel nach der 1. Masche und bei der 2. und 4. Nadel vor der letzten Masche je 1 Masche zunehmen (= 36 Maschen). Nach 28 Runden (= ca. 9 cm Höhe) die Maschen der 1. und 2. Nadel, dann die Maschen der 3. und 4. Nadel jeweils auf 1 Nadel nehmen und die Maschen der vorderen Nadel mit den Maschen der hinteren Nadel mit Maschenstichen verbinden. Beide Füße gleich arbeiten.

Fertigstellung: Den Körper auf der Innenseite zusammennähen, dabei eine Öffnung zum Ausstopfen lassen. Danach den Körper wenden. Den Schwanz flach ausstopfen, dann am Übergang zum Körper Ober- und Unterseite des Schwanzes mit Steppstichen zusammennähen, eventuell noch durch den Anschlagrand nachstopfen, dann den Anschlagrand zusammennähen. Körper und Kopf ausstopfen, dann die Öffnung schließen, dabei nach Bedarf Füllwatte nachstopfen. Den Kopf durch die Schnabelöffnung nachstopfen und die Öffnung mit überwendlichen Stichen zusammenziehen. Den Schnabel ausstopfen und mit Maschenstichen über die Schnabelöffnung nähen. Den Schnabel eventuell durch den Anschlagrand nachstopfen und den Rand zusammenziehen.

Die Augen über den Schnabel nähen, dabei den Kopf etwas zusammenziehen. Den Hals in der letzten Reihe in Natur etwas zusammenziehen.

Die stillgelegten Maschen der Flügel ca. 3 cm unterhalb des Kopfes mit Maschenstichen auf den Rücken nähen, dabei neben dem Bauch beginnen. Die Rundung jedes Flügels weist zum Bauch. Die Flügel durch den Anschlagrand flach ausstopfen, dann den Anschlagrand zusammennähen. Die Füße flach ausstopfen, den Anschlagrand zusammennähen, dann am Schwanzansatz unter den Körper nähen.

• Tipp •

Stricken Sie dem Pinguin einen warmen Schal. Eine Anleitung dafür finden Sie bei den Teddybären ab Seite 3.

Susi, das Glücksschwein

Größe: ca. 20 cm

Susi eignet sich ausgezeichnet als Schmusekissen, auf dem sich wunderbar träumen lässt.

Das wird gebraucht

Schachenmayr Regia 4-fädig (LL 210 m/ 50 g) in folgenden Mengen und Farben: 100 g pink (Fb 2017), Reste gelb (Fb 2041), königsblau (Fb 2000) und weiß (Fb 600)
Nadelspiel Nr. 4 – 4,5
Häkelnadel Nr. 4 – 4,5
Füllwatte
Sticknadel Nr. 18 ohne Spitze

Maschenprobe

20 Maschen/30 Reihen zweifädig mit Nadeln Nr. 4 – 4,5 glatt rechts = 10 x 10 cm

Strickmuster

Glatt rechts: In Reihen Hinreihen rechts, Rückreihen links stricken. In Runden jede Runde rechts stricken.

So wird's gemacht

Schwein: Mit dem Nadelspiel 60 Maschen mit doppeltem Faden in Pink anschlagen, auf 4 Nadeln verteilen (= 15 Maschen pro Nadel) und nach dem Zählmuster glatt rechts stricken. Zu- und Abnahmen sind eingezeichnet. Für die Ohren jeweils die mittleren 12 Maschen (= insgesamt 24 Maschen) stilllegen und die Ohren getrennt beenden. Abnahmen arbeiten, wie im Zählmuster angegeben. Die restlichen 12 Maschen der Ohren sowie die 24 stillgelegten Maschen am Kopf im Strickstich verbinden.

Für das Ringelschwänzchen mit der Häkelnadel und doppeltem Faden in Königsblau (oder Pink) 13 Luftmaschen anschlagen, dann in jede Luftmasche 3 feste Maschen häkeln.

Fertigstellung: Das Schweinchengesicht im Maschenstich aufsticken, den Mund im Kettenstich sticken. Das Schweinchen mit Füllwatte ausstopfen und die untere Naht schließen. Die Ohren und die Füße im Steppstich mit pinkfarbenem Garn abnähen. Das Schwänzchen fest annähen.

□ weiß   □ 2041   □ 2017   ■ 2000

Zählmuster

□ = 1 rechte Masche

ꙴ = 1 Masche aus dem Querfaden verschränkt zunehmen

◢ = 2 Maschen rechts zusammenstricken

◣ = 2 Maschen rechts überzogen zusammenstricken

Kaninchen-familie Hoppel

*Die drei wolligen Kaninchen
suchen einen Spielkame-
raden, der sie lieb hat
und oft streichelt.*

Braunes Kaninchen

Größe: Länge ca. 20 cm,
Bauchumfang ca. 38 cm

Das wird gebraucht

100 g *Schachenmayr Speed*
 (LL 100 m/100 g), biber meliert (Fb 10)
Stricknadeln Nr. 6
150 – 180 g Füllwatte
Rest schwarzes Garn
Matratzennadel
Sticknadel Nr. 18 ohne Spitze
Nähnadel
Coats Astra Leinenzwirn, schwarz
2 Bärenaugen, Ø ca. 1 cm

Maschenprobe
13 Maschen/26 Reihen kraus
= 10 x 10 cm

Strickmuster
Kraus: In Reihen jede Reihe rechts
stricken.

So wird's gemacht
Der **Körper** besteht aus einem Quadrat
mit einer Seitenlänge von ca. 25 cm.
Dafür 32 Maschen anschlagen und
25 cm (ca. 64 Reihen) kraus stricken. Alle
Maschen abketten.

Schwanz: 10 Maschen anschlagen und
20 Reihen kraus stricken. Alle Maschen
abketten.

Ohren: 6 Maschen anschlagen und 24
Reihen kraus stricken. Die Maschen der
letzten Reihe nicht abketten, sondern
die 2. – 5. Masche über die 1. Masche
heben, den Faden abschneiden und
durch die restliche Masche ziehen.
Beide Ohren gleich arbeiten.

Fertigstellung: Markierungslinien ent-
sprechend der Grafik unten mit kontrastfarbigem Garn anbringen. Den
Kopf wie eingezeichnet mit Vorstichen
in Biber meliert abteilen. Im Abstand
von 2 Rippen bzw. 2 Maschen zu den
Mittellinien Markierungen am Rand
anbringen (siehe Sternchen, Punkte und
Dreiecke).
Erst die Beine zusammennähen. Dafür
den Körper in einer Diagonalen falten,
sodass gleiche Randmarkierungen über-
einander liegen, und das Bein von der
Spitze bis zur Markierung zusammennähen. Alle vier Beine auf die gleiche

Körper mit Markierungen und Kopf

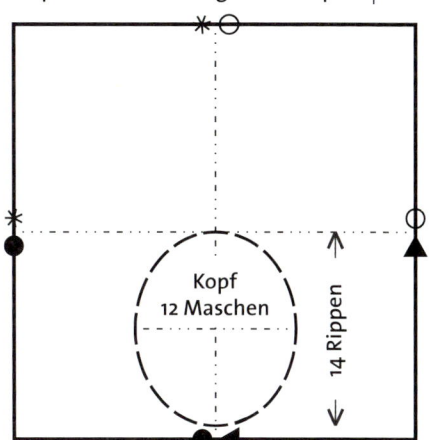

Weise zusammennähen. Es bleibt eine kleine Öffnung am Bauch.

Den Körper wenden und erst die Beine ausstopfen. Danach den Kopf fest ausstopfen. Dabei die Vorstiche zusammenziehen und immer wieder Füllwatte nachstopfen. Wenn der Kopf die endgültige Form erreicht hat, die Fäden fest zusammenziehen und verknoten. Die Bauchöffnung mit Vorstichen umranden, das Kaninchen weiter ausstopfen. Dabei den Faden zusammenziehen und immer wieder Füllwatte nachstopfen. Die Nase mit schwarzem Garn und Plattstichen sticken. Etwa 3 Rippen darüber und 3 Maschen von der Markierungslinie entfernt die Augen annähen. Dabei den Kopf etwas zusammenziehen.

Die Ohren annähen. Dafür den Anschlagrand auf etwa die halbe Breite zusammenziehen, dann annähen.

Den Schwanz mit Vorstichen umranden, dann die Stiche etwas zusammenziehen. Den Schwanz ausstopfen, bis er eine ovale Form hat, und annähen.

Naturfarbenes Kaninchen

Größe: Länge ca. 13 cm,
Bauchumfang ca. 21 cm

Das wird gebraucht

ca. 20 g *Schachenmayr Regia 8-fädig*
  (LL 100 m/50 g), natur (Fb 1992)
Stricknadeln Nr. 4
50 – 60 g Füllwatte
Rest schwarzes Garn
Matratzennadel
Sticknadel Nr. 18 ohne Spitze
Nähnadel
Coats Astra Leinenzwirn, schwarz

Maschenprobe
32 Maschen/64 Reihen kraus
= 10 x 10 cm

Strickmuster
Siehe braunes Kaninchen.

So wird's gemacht
Wie das braune Kaninchen
arbeiten, aber den Kopf mit
doppeltem Faden in Natur
abteilen und für die Augen
2 Knötchenstiche in
Schwarz sticken.

Beigefarbenes Kaninchen

Größe: Länge ca. 11 cm, Bauchumfang
ca. 18 cm

Maschenprobe
24 Maschen/48 Reihen kraus
= 10 x 10 cm

Strickmuster
Siehe braunes Kaninchen.

So wird's gemacht
Wie das braune Kaninchen arbeiten,
aber den Kopf mit doppeltem Faden in
Sisal meliert abteilen und für die Augen
2 Knötchenstiche in Schwarz sticken.

Das wird gebraucht

Rest *Schachenmayr Extra* (LL 125 m/50 g),
  sisal meliert (Fb 3555)
Stricknadeln Nr. 3
30 – 50 g Füllwatte
Rest schwarzes Garn
Matratzennadel
Sticknadel Nr. 18 ohne Spitze
Nähnadel
Coats Astra Leinenzwirn, schwarz

Karl Käfer

Länge: ca. 13 cm

So ein lustiger Marienkäfer bringt ganz bestimmt Glück und ist nicht nur bei kleinen Kindern sehr beliebt.

Das wird gebraucht

Schachenmayr Favorit (LL 135 m/50 g) in
folgenden Mengen und Farben: je 50 g
rot (Fb 30) und schwarz (Fb 99), Rest weiß
(Fb 01)
Nadelspiel Nr. 3 – 4
Füllwatte
8 Knöpfe, schwarz, Ø 13 mm
Sticknadel Nr. 18 ohne Spitze

Maschenprobe
26 Maschen/36 Reihen oder Runden
glatt rechts = 10 x 10 cm

Strickmuster
Glatt rechts: In Reihen Hinreihen rechts,
Rückreihen links stricken. In Runden jede Runde rechts stricken.

So wird's gemacht
Körper: Am Kopf beginnen. Mit dem
Nadelspiel 8 Maschen in Schwarz anschlagen, auf 4 Nadeln verteilen (= 2
Maschen pro Nadel) und in Runden
glatt rechts stricken. Dabei in jeder Runde gleichmäßig verteilt 4 Maschen
rechts verschränkt aus dem Querfaden
herausstricken (= 48 Maschen nach der
10. Runde). Nach 20 Runden (= Kopfende) weiter bis zum Ende der Arbeit
immer im Wechsel je 1 Runde in Rot und
Schwarz stricken, dabei noch 4 x in jeder 2. Runde gleichmäßig verteilt je 4
Maschen zunehmen (= 64 Maschen).
8 Runden gerade hoch stricken. Dann
6 x in jeder 2. Runde gleichmäßig verteilt je 4 Maschen abnehmen (jeweils
2 Maschen rechts zusammenstricken),
dann die Abnahmen in jeder Runde arbeiten. Die letzten 8 Maschen mit doppeltem Faden fest zusammenziehen.
Flügel: Mit dem Nadelspiel 28 Maschen
in Rot anschlagen, auf 4 Nadeln verteilen (= 7 Maschen pro Nadel) und in Runden nur rechte Maschen stricken. Rundenwechsel ist an der Außenkante. Nun
5 x in jeder 2. Runde bei der 1. Nadel
1 Masche rechts stricken, dann 1 Masche
zunehmen, bei der 4. Nadel bis vor die
letzte Masche stricken, dann 1 Masche
zunehmen (= 38 Maschen nach 10 Runden). 6 Runden gerade hoch stricken,
dann für die Flügelspitze an der Außenkante mit den Bandabnahmen beginnen. Dafür bei der 1. Nadel 1 Masche
rechts stricken, 2 Maschen überzogen
zusammenstricken (= 1 Masche rechts
abheben, 1 Masche rechts stricken und
die abgehobene Masche überziehen),
bis 3 Maschen vor Ende der 4. Nadel
stricken, dann 2 Maschen rechts zusammenstricken. Diese Abnahmen 4 x in
jeder 2. Runde wiederholen. Dann die
Abnahmen in jeder Runde bei allen
4 Nadeln arbeiten: Bei der 1. und 3. Nadel die 2. und 3. Masche überzogen zu-

sammenstricken, bei der 2. und 4. Nadel die 2 Maschen vor der letzten Masche rechts zusammenstricken. Die letzten 8 Maschen mit doppeltem Faden fest zusammenziehen. Faden vernähen. Den zweiten Flügel gegengleich stricken.

Fühler: Mit dem Nadelspiel 8 Maschen in Schwarz anschlagen, die Maschen auf 4 Nadeln verteilen (= 2 Maschen pro Nadel) und in Runden nur rechte Maschen stricken. Dabei immer im Wechsel 2 Runden in Schwarz und Weiß stricken. Nach 12 Runden in Schwarz weiterarbeiten, dabei in der 1. Runde gleichmäßig verteilt 4 Maschen zunehmen (= 12 Maschen). Nach 5 Runden verteilt 4 Maschen abnehmen und die restlichen 8 Maschen mit doppeltem Faden fest zusammenziehen. Faden vernähen. Den zweiten Fühler genauso stricken, jedoch erst nach 16 Runden im Ringelmuster mit der Fühlerspitze in Schwarz beginnen.

Fertigstellung: Zunächst den Körper mit Füllwatte ausstopfen. Einen Faden durch die Anschlagmaschen ziehen, fest zusammenziehen und vernähen.

Das Gesicht arbeiten: Beidseitig der mittleren 5 Maschen mit Kettenstichen in Weiß 2 Augen mit einem Durchmesser von ca. 1,5 cm sticken. Dabei in der Mitte des Auges beginnen und die Kettenstiche in Runden nach außen sticken. In die Mitte jeweils einen schwarzen Knopf nähen.
Die Fühler leicht stopfen und beidseitig der mittleren 10 Maschen hinter die Augen nähen.
Für den Mund in Rot eine Linie mit Kettenstichen sticken (siehe Foto). Die restlichen 6 schwarzen Knöpfe auf die Oberseiten der Flügel nähen. Die Flügel nur sehr leicht stopfen und beidseitig der mittleren Maschen auf die zweite rote Runde des Rückens nähen.

Die Deutsche Bibliothek – CIP-Einheitsaufnahme

Ein Titeldatensatz für diese Publikation ist bei
Der Deutschen Bibliothek erhältlich.

Lektorat: Helene Weinold-Leipold, Aystetten
Entwürfe: Tanja Jetter, Gisela Klöpper (beide Coats GmbH), Salach; Dorothea Neumann, Hamburg
Strickschriften und Grafiken: Gisela Klöpper, Salach; Dorothea Neumann, Hamburg
Umschlagkonzeption: Kontrapunkt, Kopenhagen
Umschlaglayout: Angelika Tröger
Reihenkonzeption: Kontrapunkt, Kopenhagen
Layout: Anton Walter, Gundelfingen

AUGUSTUS VERLAG, München 2000
© Weltbild Ratgeber Verlage GmbH & Co. KG.

Satz: Gesetzt aus 9,5 Punkt The Sans von DTP-Design Walter, Gundelfingen
Reproduktion: GAV Prepress, Gerstetten
Druck und Bindung: Offizin Andersen Nexö, Leipzig

Gedruckt auf 135 g umweltfreundlich chlorfrei gebleichtes Papier.

ISBN 3-8043-0712-4

Printed in Germany